Unreached

What Every Educator Wants to Know
About Engaging Families for
Equity & Student Achievement

家校社共育实践手册

洞察、理解并获得家长的支持

[美] 特莉丝·摩尔 著
李浩英 译

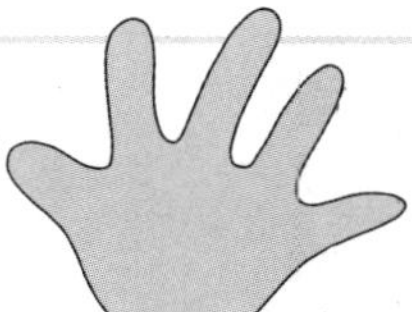

電子工業出版社
Publishing House of Electronics Industry
北京·BEIJING

版权贸易合同登记号　图字：01-2021-1409

图书在版编目（CIP）数据

家校社共育实践手册：洞察、理解并获得家长的支持 /（美）特莉丝·摩尔（Trise Moore）著；李浩英译. —北京：电子工业出版社，2021.7
书名原文：Unreached: What Every Educator Wants to Know About Engaging Families for Equity & Student Achievement
ISBN 978-7-121-41274-5

Ⅰ. ①家… Ⅱ. ①特… ②李… Ⅲ. ①学校教育－合作－家庭教育 Ⅳ. ① G459

中国版本图书馆 CIP 数据核字（2021）第 113216 号

责任编辑：杨洪军
印　　刷：天津千鹤文化传播有限公司
装　　订：天津千鹤文化传播有限公司
出版发行：电子工业出版社
　　　　　北京市海淀区万寿路173信箱　　邮编100036
开　　本：720×1000　1/16　印张：9.5　字数：122千字
版　　次：2021年7月第1版
印　　次：2021年7月第1次印刷
定　　价：59.00元
凡所购买电子工业出版社图书有缺损问题，请向购买书店调换。若书店售缺，请与本社发行部联系，联系及邮购电话：（010）88254888，88258888。
质量投诉请发邮件至zlts@phei.com.cn，盗版侵权举报请发邮件至dbqq@phei.com.cn。
本书咨询联系方式：（010）88254199，sjb@phei.com.cn。

致每一位想让家庭参与进来，以实现教育公平、促进学生学业发展的教育工作者。

——特莉丝·摩尔

中文版序

学生的家庭可能是他们生活幸福和学业成功最重要的支持者和贡献者之一。正是这种理解促使我写了这本书。在担任以促进教育公平为重点的家校社共育主任、社区领导者、顾问和各种董事会级别的职务25年之后，我学到了很多东西。在与一些家庭讨论他们的文化背景和他们对学生的期望时，我收集到了很多深刻的经验教训。经过多年的对话，我终于明白了家庭和学校这两者多么需要紧密地联系在一起。我们肯定会意识到学生将家庭的文化背景和期望带入了学习经验中，但如果不与其家庭建立真正的共育关系，我们就不能正确地认识这一切。

几十年来，太多教育工作者和教育系统的领导者只重视关注和接触学生。这种激光式的点状关注并不能产生持续改进的结果。我认为原因在于我们必须接受这样一个事实，即大多数教育工作者只有很短的几年的窗口期来帮助学生实现学业成功。相比之下，家庭是学生的第一个教师，也可能是最后一个，他们有一个伴随学生一生的机会之窗。我也相信，许多教育工作者非常努力地向学生传授重要的理论课程，但如果他们不了解学生或与最了解他们学生的人没有联系，这些努力很可能无法起到作用。

| 中文版序 |

通常情况下，我们都知道如何接触我们喜爱和关心的人，即便因为某些原因不知道如何接触，我们也会不断尝试，直到最终触及他们。我们也应该知道，大多数家庭爱他们的孩子，会尽他们所能帮助他们的孩子取得成功。如果他们和孩子的教师建立起有意义的共育合作关系，就能帮助教师了解他们的孩子，使之成为一个学习者。我相信家庭是学生的重要支持系统，这一价值观更加坚定了我的决心，为了学生的利益，帮助教育工作者和教育系统领导者与学生家庭建立真正的共育合作关系。

系统的建立是为了组织一个群体并解决这个群体的需求，家庭有能力帮助并确保这些系统中的每个学生都能实现他们个人的期望。教育工作者不需要了解每个学生的文化差异和兴趣来教好他们，但如果他们想有效地参与到促进教育公平和提高学生学业成就的事业中，就必须知道如何接触学生的家庭。

译者序

构建家校社教育共同体的意义

发现黄金圈法则的西蒙斯·涅克曾说："信念的确定与传递，会导致行为的变化与改进，最终影响结果的产生和呈现。"作为专业教育工作者，我们更需要问问自己为什么要做教育，怎样才能做好教育，我们理想中的教育是什么样子。倘若能将"为什么"问得精准到位，我们就有能力让自己拥有从事教育工作的幸福感和原动力。

在我们探讨什么是家校社教育共同体之前，先来明确"共同体"的含义。共同体就是人们在共同利益条件下结成的集体，其中包括血缘共同体——家庭，地缘共同体——社区、乡村，业缘共同体——学校、企业，政治共同体——国家，等等。

非洲有一句谚语："养育一个孩子要举全村之力。"虽说父母是对孩子影响最大的人，但从孩子呱呱坠地的那一刻起，他们就直接或间接地受到更多成年人的影响。孩子既生活在小家庭里，也生活在大世界中。父母、亲朋、邻居、教师，以及医护人员、演艺偶像、政治领袖，甚至偶然相遇的陌生人都是孩子成长环境中的一员，不经意间就能改写孩子的命运。由此围绕孩子成长经历的环境就组成了教育共同体——家庭、学校、社区。处在这三个环境中影响孩子终身发展的成年人，都在显性或隐性地肩负着一项共同的使命——教育。这就需要每个角色，尤其是父母和教师明确教育的重要功能是什么：第一，教育的首要功能是促进个体发展的社会化和个性化；第二，教育的基础功能是影响社会人才体系的变化及经济发展；第三，教育最大的社会功能是为国家发展培养人才；第四，教育最深远的功能是影响文化的发展，教育不仅传递文化，更肩负着文化延续和更新的任务。任何共同体，本质上都是利益共同体，这个利益可以是经济利益、政治利益、文化利益等。教育共同体的最大利益就是人才培养和文化传承，所以孩子不仅是家庭的私有财产，也不单纯是某个学校的学生，孩子还是社会的、国家的乃至全人类的人才储备。

教育共同体是利益共同体，最大的利益是人才培养和文化传承，其中孩子、家庭、学校、社会四方都有各自的利益需求等待满足。

满足孩子自身成长的需求

20世纪60年代，约翰斯·霍布金斯大学的社会学家科尔曼在著名的《关于教育平等性报告》中指出：“影响孩子学习成绩的因素依次是家庭背景、学校学习氛围、教师素质、学校设备和教材。”

父母和教师是对孩子成长影响最大的人，同时也应该最了解孩子及其自身成长的需求。父母可以回忆一下这样的生活场景：孩子放学回家，你一般问孩子的问题是什么。十有八九是：“作业写完了吗？有要背诵的课文吗？今天学什么啦？”孩子一般回答什么呢？10岁以下的孩子有时还愿意说几句，大一点儿的差不多通用二字回复——

“还行”。父母就困惑了——怎么现在的孩子越来越难交流呢？如何才能和他们沟通呢？这其实是父母不了解孩子在各个年龄阶段需求的典型表现。

美国心理学家马斯洛的需求层次理论指出，人的需求分五种，从基础到高级分别是生存需求、安全需求、归属需求、尊重需求和自我实现需求。越小的孩子对吃喝玩乐这些事情越关心，其次是和谁一起玩。如果放学后你问孩子今天在学校午饭吃的是什么，和谁玩了，他会更愿意滔滔不绝地和你聊个没完。

家庭和学校对孩子的安全最为关注，这涉及孩子生存的基础保障，饮食安全、交通安全，都是每天的常规话题。学校和家庭不能误以为营造安全的环境就是把学校栅栏竖得多高，安装了多少监控摄像头，家长保护得多周全。真正有效的安全保障需要“家校社”形成“共同体”紧密合作，目标一致，将安全意识的种子根植于孩子心中，提高孩子自身的安全防范意识，如主动远离路边摊、减少购买油炸食品、不要和陌生人搭话、过马路左右看等。

以上需求也可以归结为人的生物性需求。

其次是人的社会性需求，包括归属需求和尊重需求。孩子从一个自然人过渡到一个社会人，寻找归属是本能的需求。如何与他人交往、如何识别和管理自己的情绪、如何获得群体的尊重和爱，在这期间孩子的每一步发展都是家庭和学校要重视的，培养这些构建良好人际关系的能力是孩子顺利走入社会适应各种生活所必需的。从很多幼儿园在校园文化的创设上可以看出，他们会利用一切教育契机去培养孩子人际交往的能力，如在墙上明确提示：学会排队、微笑打招呼、倾听他人等。在各种活动中，教师也会创造机会让孩子学习合作。

最后一个层次的需求是自我实现需求。这意味着每个人都在追寻生命的意义，通过持续性的努力达到自己期望的水平，从而在家庭、学校、社会的不同群体中获得认可，实现自己的最大价值。因此，如果肩负教育责任的父母、教师和社区工作者，结成教育共同体，形成合力，了解教育对象的成长规律及其真实的成长需求，或许教育工作就会简单得多，那些百思不得其解的教育问题也许就能迎刃而解。

满足家长和教师的需求

在上海普陀区的一份家长调查问卷中，关于“你心目中理想学校的特点”这个问题，66%以上的家长认为理想学校的特点是重视孩子的身体和心理健康、重视培养让孩子受益一生的习惯、重视孩子的安全教育。可见，大部分家长都希望学校提供优质的教育环境，把孩子培养成身心健康、对社会有用的人。

而对于教师来说，为国家培养社会主义的建设者和接班人尤为重要。中共中央国务院在《关于全面深化新时代教师队伍建设改革的意见》中指出：“教师承担着传播知识、传播思想、传播真理的历史使命，肩负着塑造灵魂、塑造生命、塑造人的时代重任，是教育发展的第一资源，是国家富强、民族振兴、人民幸福的重要基石。”教师的责任如此之重大，在这样的教育需求下，每位教师也就有了成长为教育家型人才的渴望。这同样需要形成教育共同体这样的大环境，让每位教师在被理解、被尊重的环境中成长为有深刻的理性思辨能力和明确的价值引领能力的优秀教育工作者。耶鲁大学校长理查德·莱文曾说："教育，是对心灵的自由滋养，其核心是——自由的精神、公民的责任、远大的志向。"作为基础教育工作者，我们如果能在教育共同体中重视每个人的独特性，明白自由精神的可贵，也就可以成长为一名崇尚自由灵魂的教育家。

满足国家人才培养的需求

在2018年召开的全国教育大会上，习近平总书记指出："要努力构建德智体美劳全面培养的教育体系，形成更高水平的人才培养体系。要把立德树人融入思想道德教育、文化知识教育、社会实践教育各环节，贯穿基础教育、职业教育、高等教育各领域，学科体系、教学体系、教材体系、管理体系要围绕这个目标来设计，教师要围绕这个目标来教，学生要围绕这个目标来学。"何谓"德"？"德"字可不是简单的"十个眼睛，一颗心"。追根溯源，从甲骨文上来解析，"德"字原始的意思是当人走到十字路口，不知道选择哪个方向的时候，就要停下来，用眼睛看一看木桩在地上的影子以判断方向，故"德"字可以引申为要顺应自然、社会和人类的客观需求去做事。

家是小的国，国是大的家，家庭与国家紧密相连。为谁培养人、培养什么人、怎样培养人的问题势必关乎家庭、学校、社会乃至国家的长远发展。没有一个家庭可以生活在真空里，也没有一个父母或教师天生就能做好孩子的教育——家庭需要支持，父母需要鼓励，教师需要引领。顺应自然和社会发展规律，创建家庭、学校、社会共融共通的教育共同体，让孩子、父母、教师都生活在理解、支持和爱的教育生态中，有事可做、有人可爱、有梦可追，社会祥和、人民幸福就实现了。

前言

在我从事K12教育工作的20年里，我从未见过一位教育工作者说他不希望受到学生家庭的启发或支持。实际上，我遇到的人可以分为三类：依靠社区支持并积极寻求家庭参与的教师、每年能关注到少数活跃家长的教师，以及那些认为家庭的角色只是在家里支持学生的教师，他们认为教育工作应该由专业人士来做。后两类人会避免与家长交流，因为他们害怕说错话或做错事。他们可能认为，家庭参与教育的好处少得可怜，并不值得他们为之付出努力。我曾经是一名课堂教师，我知道接到学生家长的电话是件多么焦虑的事。外界对教师的期望和要求似乎每年都在增加，但这些衡量标准并不是基于家庭参与度的，而是基于考试成绩的。把注意力集中在教室和课程上，而把其他因素都归为不可控因素，这样的教育工作做起来会容易得多，因此，许多人认为不值得将有限的时间、资源和精力用于争取家庭和社区的参与以支持学生取得学业成就上。

事实上，让家庭参与学校教育确实需要学校和我们能接触到的社区机构做一些工作。与学生的家庭进行共育合作并不是一个被动的过程，它基于我们在日常教育工作中必须做出的一个个选择，以及我们每次与家庭互动时所带来的心理视角上的重大转变。当然，让家庭参与学校教育的回报也是不可估量的。大多数教育工作者都理解并尊重这样一个事实：学生是他们的家庭和他们所处社区的一部分，家庭和社区比学校更加了解这些学生。然而，一旦这些学生跨入学校的大门，教育系统往往要求教育工作者优先将注意力集中在课程和学术严密性上，以帮助学生取得最理想的考试成绩。这种优先性使家庭和社区在知识、观点、语言和文化上对学生的影响几乎都被忽视了。防止这种忽视的唯一方法是让家庭和社区共同参与对学生的培养，他们可以提供相关的见解和灵感。例如，有人会了解杰米并不是为了偷懒而逃避他的阅读作业，而是因为他认为一本书的中间部分就是最好的部分，所以每本书他只阅读一部分；有人会了解安珀并不是故意把她的答案分享给其他学生，而是因为她在家里的兄弟姐妹中是最大的，习惯了在别人遇到困难时帮助他们解决。对于学生来说，没有谁比家人更了解他们了。

有重要研究表明，家庭参与度高的学生比家庭参与度低的学生在学业成就上更高。在我从事教育工作的这些年里，我一次又一次看到这种优势被忽视。太多的教师认为，如果家长愿意，他们就会主动参与，或者，很多人都认为关心学生发展的家庭会主动参与共育，而不主动参与共育的家庭一定不太关心学生的发展。这些假设和隐性偏见给课堂带来的损害经常得不到应有的重视。既然我们已经知道学生学业成功的一个重要指标是家庭参与，为什么还要让它成为一个随机发生的因素呢？

虽然有重要的研究证明学生动机、学业成功和家庭参与之间有联系，但此类研究很少被纳入教师准备计划或地区层面的专业发展讨论中。结果，教育工作者被迫采用基于学校优先考虑的家庭参与做法和传统的交流方法，进一步孤立了未参与的——我称之为未被接触的——家庭与学生。

我认为，要重新定义我们讨论家庭参与学校教育的方式，不要给一个家庭贴上“不参与”“不投入”的标签，这会打击他们的积极性。关键是我们要改变看法，要明白这些家庭不是不想参与，只是我们还未接触他们。帮助学生取得学业成功是学校的责任，因此，积极接触那些未参与共育的家庭也是我们的责任。

遗憾的是，在我们目前的教育系统中，教育工作者倾向于依赖海报、简报和家长—教师沟通会等工具开展他们与家庭的共育和校外接触。而这些工具通常最终只会对少数人脉广泛的家庭有用。由于分配给专注于建立有效的家校社共育关系的协作或培训的时间和资金都很少，教育工作者除了制订常用的校外接触计划，没有别的更好的选择。虽然家庭参与共育能提高学生的动机、投入度和努力程度已成为共识，但我们并没有给教育工作者足够的机会去了解和理解什么是真正的校外接触，以及有效的家校社共育为什么要做、是什么和如何做。结果，教师和学校团队最终只能花费宝贵的时间策划新的或更多的活动，却得不到预期的效果。

这本手册旨在帮助教育工作者更好地认识学生和无法参与共育的家庭失去机会的意外成本。它还旨在支持家校社共育实践的发展，对学生与社区的联系产生积极影响，促进家庭和社区的参与，促进教育公平，提高学生成绩。这本手册对读者的要求很高。它需要你自我反思，与家长进行真正的讨论，并与至少几位积极的同事一起建立一个真正的专业学习社群。阅读完这本手册，你将看到你的每个学生在学业、社交和情感发展上发生真正的、肉眼可见的改善，还可以通过了解和接触学生家庭改善你与学生的联系，在学生进步的过程中获得前所未有的满足感。

导语

为了克服我们自身的隐性偏见，更有效地将来自不同文化和社会、经济背景的学生纳入我们的课堂，一个被忽视但至关重要的步骤是了解他们的社区。研究表明，家庭参与对学生学业成就的影响大于种族和收入。当教育工作者知道如何有效地将学生的文化背景、社区和现实生活中的范例融入他们的课程时，学生的学习能力会更强且更持久。约翰·哈蒂对学生成就和家庭参与效果的关系研究表明，教师的看法、父母的参与和学生对他们的表现的信念是促进积极的学业成就的重要因素。当教育工作者通过有效的家校社共育合作获得额外的洞察、理解以及来自家庭和社区的支持时，他们对学生能力的认识会更加全面。因此，想要缩小成绩差距、促进教育公平，让以前未被接触的家庭参与进来，可能是你所能做的唯一、最有效的改变。

这本手册的目标是帮助教师个人、学校团队和家校社共育的领导者与家庭、社区合作开发真正的基于结果的共育方法，以支持学生取得学业成就。在这本手册中，你可以评估你现在所处的状况；找到促进学校、家庭和社区协调互动的方法，促进学生成长；参考一些实践框架来组织和鼓励家庭持续参与。

这里有四大关于建立家校社共育关系的建议（见表0-1），为后面的五项家校社共育实践（见表0-2）奠定了基础。每个建议都在其单独的章节中进行了详细阐述，如果你确定了自己特定的需求领域，可以直接跳到相关章节。

表 0–1　关于建立家校社共育合作的四大建议

1. 在早期建立信任	2. 主动分担责任
如果能在早期建立信任，那么家庭会更容易把教育工作者视作盟友和珍贵的伙伴。 有了以信任为基础的积极联系，当发生冲突或需要调整期望的时候，家庭会有意识地减少对教育工作者的质疑，为他们开展工作提供一些便利条件。 在早期建立信任关系的方式包括有意识地接触和积极地互动，其范围不限年级（不只是低年级，K12 都适用）	当教育工作者对学生所在家庭及社区的优势、文化背景和知识水平更加熟悉时，分担责任会变得更加容易。明确何时、如何，以及在家校社共育合作中应该做什么，有助于防止意外和冲突
3. 透彻交流，平衡期望	**4. 为努力赋予意义**
集体、公开地建立家校社共育目标（平衡父母、老师和学生三方的期望），有助于在冲突发生之前透彻地交流、平衡那些已表明的和未表明的期望。期望透明化也使各方能够及时讨论想法，以反思和分享他们对边界的看法，让家校社共育的效果最大化	一些成功的数据点和衡量标准对于家长来说没有多少意义，尽管你认为借助家校社共育合作让学生取得某些进步很重要，但是家长对孩子的可衡量和不可衡量的期望也很重要。你的数据优先级并不总是能与你服务的家庭相匹配，但他们能与你联合，支持你的努力

表 0–2　五项家校社共育实践

1. 确认学生的成就	在学生家庭的支持下，确认学生是否达到了你期望的成就
2. 认识学生的文化背景和规范	通过与家庭进行直接对话，了解学生的文化背景和规范
3. 推动召开协作会议	以达成共识的议题推动召开家长会
4. 有效沟通	尽可能使用家长喜欢的方式与他们进行沟通
5. 及时正向反馈	在庆祝进步时与家长和学生分享荣誉和功劳

本手册将通过每个建议下的一系列反思问题来帮助你实现这个目标。反思问题旨在向教育工作者介绍与真实的家校社共育合作有关的概念。在每个反思问题之后，都有一个典型场景，描述学校通常是如何与家庭联系在一起的——你会在学校和社区参与计划中看到什么。

你可能发现这与你所在学校在这些情况下的政策有相同之处，这是因为这些情况代表了大部分学校的普遍做法。确定你在哪些领域投入了精力和资源，并诚实地评估它们在真正触及家庭方面的有效性，这是本手册的关键部分。花很长时间设计一张漂亮的海报当然是很费事的，但时间被有效利用了吗？更多的努力并不一定意味着会有更高的家庭参与度，许多建立真正共育关系的最简单的方法都被忽视了。努力工作不是答案，我们想做的是高效且有效的工作。

在建议、反思问题和典型场景之后，是从真实的课堂经验和共育合作研究中开发出的技巧和策略。它们与五项实践相一致，并提供了额外的适用相关性，帮助教育工作者熟悉应用这些建议的实际方法。

你对这些反思问题的回答会生成回应卡，这些回应卡不仅对于你个人来说是有价值的，而且在你和别人一起使用的时候也是很有价值的。对于回应卡的内容，你的同事和学生家长都有贡献的空间，但不一定要从一开始就让这些利益相关者参与进来。如果你不想来回传递这本手册（尽管把它当作共享日记肯定很有效），也不想组织一系列的合作会议来一起完成它，那么可以扫描或单独打印回应卡。你可以对一个或多个与你最相关的部分进行深入研究，通过创建一本“拼图书”，让你和你的同事在年级、专业学习社群或专业发展培训课程中交换笔记和想法。

虽然没有现成的工具或方法来帮助你成功地建立家校社共育合作，但如果你能始终如一、全心全意地实施这本手册中的四大建议和五项实践，就可以永久地改变你与学生的教育互动方式。这并不容易，需要你与互动的家庭和社区改善关系、协调彼此的期望。所有利益相关者都把学生的成功当作最大的利益，这是我们共同的出发点。尊重家长，成为他们孩子的宝贵盟友和支持者，你将打开一扇更公平的大门，提高学生家庭的参与度，获得更广泛的文化体验，这将促进你的专业性成长，并提高每个学生的学业成就。

教育工作者需要知道，有效地与家庭接触不仅需要时间，还需要与之建立有意义的对话和共同兴趣基础上的信任关系，这甚至比研究策略或技巧更重要。在建立这些真正的联系时，需要注意的是，无论民族、收入或教育水平如何，家长都很像教育工作者，他们喜欢有吸引力的、积极的讨论，从而产生富有成效的结果。举个例子，当你在一个有回报的团队里工作或执行一个令人兴奋的个人项目时，你会觉得有必要踊跃参与，并做好充分准备执行项目，直到项目完成。想一想，是什么让这种特殊的经历如此吸引人？是哪些具体因素始终激励着你，让你在项目完成之前一直保持活力？

对于大多数人来说，能让他们决定参与其中的因素常常以多种多样的描述出现，例如：

- 我对这个项目充满了热情。
- 当我分享观点时，我觉得自己被倾听了。
- 我的意见得到了尊重和重视。
- 我相信自己具备完成这项任务所需的技能。
- 我清楚地知道如何才能实现这一目标。

此外，他们还表示会因为认识、信任或喜欢团队中的人而积极参与，并对有机会参与有意义、有回报的工作感到兴奋。

参考动机和参与偏好表（见表0-3），为列出的每个动机因素排序。数字1代表对你来说最重要的因素，它与你想要参与一个项目或合作关系的原因密切相关，数字越大，优先级越低，以此类推。你还可以根据需要自行添加未列出的因素。在将这些动机因素列出并排序后，从你的角度出发，在实际和特定的语境下详细解释这些因素与项目的关系。

表 0-3 动机和参与偏好

使你想要参与一个项目或合作的因素	优先级排序	详细描述
我对这个项目有激情		*例：我喜欢而且精通园艺，所以当我的一个朋友请我帮忙在我们的社区里成立一个花园俱乐部时，我非常感兴趣，因为我可以选择会议的时间和地点，可以发挥我的才能，还可以认识更多与我有共同爱好的邻居*
我感觉到被倾听、被尊重、被重视		*例：我感觉到自己被倾听、被尊重和被重视，这意味着我不会被打断或被审视，当我分享自己的观点时，至少有一两个在场的人点头表示同意*
我有信心以我的能力可以促进或完成共育的目标，达到预期的结果		
我对期望和时间投入有清晰的理解		
在愿意参与项目的人中有我熟悉或信任的人		
以上未列明的其他重要因素		

尽管教育活动和干预措施已经开展和实施了数十年，但对于未被接触的家庭来说，很少为了他们的孩子能持续拥有这些类型的动机因素。因此，当被邀请参加对话或学校活动时，他们可能不太相信自己的体验是否会有所不同。在通常情况下，学校试图进行的交流活动，更像让家长坐下来听课、做笔记，而不是参与到一场引人入胜的思想交流或家校社共育合作的讨论中，去增强促进学生学业成就的主人翁

意识和责任感。

因此，除非出现问题，否则学生家庭很少会将教育工作者视为帮助学生获得教育公平和学业成就的真正伙伴。只有在学校里他们认识并信任的人的特殊要求下，他们才可能选择参加活动，甚至参与讨论。但在通常情况下，学生家庭不确定如何开始努力成为教育工作者的合作伙伴。因此，教育工作者应该尽早采取积极的措施，否则他们与学生家庭在第一次建立联系时就可能产生需要特殊的、高水平的技能才能解决的冲突。

在动机与参与偏好表中，看看你排序最靠前的因素（标为数字1和2的）。想一想，在你接触过的家庭中，你是如何鼓励他们产生这些动机的？在你邀请家长参加的共育合作讨论和会议中，是否存在这些特定的因素？如果有，你是怎么知道的？如果这些因素已经存在于你们的共育合作中，那么它们在会议或活动之前和之后发生的频率有多高？

很有可能你的一些学生家庭有更多不同的参与动机，特别是在使他们感到被倾听、被尊重和有价值这一点上。反思是什么能让你感受到家庭的积极参与和支持为你提供了一个大概的起点，这个起点将帮助你确定并测试实际的和有效的方法，与学生家庭建立真实的、有意义的联系，以促进学生的学业成就。

请先记住这些动机与参与偏好因素，然后开始对本手册第一章的阅读。

目 录

第一章 在早期建立信任 001

第二章 主动分担责任 027

第三章 透彻交流，平衡期望 053

第四章 为努力赋予意义 077

第五章 五项家校社共育实践 103

第六章 你的计划 119

附录A 那些你困惑的问题 121

第一章

在早期建立信任

尽早赢得家长的信任，并把重点放在先建立一种关系上，表明你尊重学生家庭在家校社共育合作中的想法和见解。在学年开始的早期向家长传达积极的信息，可以为有意义的互动和对话打下积极的基础。如果教育工作者能够在早期发出邀请并努力赢得家长的信任，就可以省去在余下的学年里花在处理与学生或学生家庭的冲突上的时间。如果家长相信他们的贡献会受到尊重，并且会产生影响，那么他们通常愿意为促进学生的学业成就分担责任。信任加强了尊重和责任共担，而责任共担促进了家校社共育合作中各方期望的平衡与合理化。在大多数情况下，只要让家长分享他们的观点并创造机会与他们进行更深入的讨论就可以了（这比一般的15~20分钟的家长—教师沟通会更深入）。

有很多早期学习活动在学前就向家长和学生展示了参与的价值，但在本手册中，赢得信任指在学年的早期，在问题发生之前就启动对话，不限年级。无论学生在上学前班还是高中，赢得家长的信任对建立积极联系和真正参与的家校社共育合作大有帮助。

考虑你所在的学校在每个问题上的做法，你的答案要考虑到那些未被接触家庭的学生。阅读典型场景、技巧与应用策略，然后写下你所在学校的典型场景，以及任何你能发现的相似之处。在总结你所在学校的典型场景后，分析它的优势和挑战。

完成自我反省只是第一步，找两位家长和一位同事，他们会阅读你的回应，并给出他们自己的回应。你们可以通过集体头脑风暴得出一个潜在的解决方案，这可以增强你的优势，解决你所发现的问题。在第六章我们收集了一些你可能需要的解决方案，在这里你将完成集体头脑风暴部分。

问题1 我们是否主动要求家庭和学生分享他们对如何建立有效的家校社共育合作和实践的看法？

典型场景：

我们学校的领导团队共同讨论了几个星期，策划家庭开放日活动。我们希望确保每个家庭都能获得他们需要的所有信息，帮助学生在我们学校取得学业成就；我们也希望每个家庭在学年开始时就感到受欢迎，因为我们知道一个积极的开始将给这个学年余下的日子定下基调。我们的家庭开放日活动收获了很多参与者，这其中有我们熟悉的家庭，也有住在学校附近的家庭。尽管如此，我们依然觉得年复一年地在同一件事情上投入了大量的时间和精力，却始终只能得到不温不火的结果。

技巧与应用策略：

考虑邀请尽可能多的家长参加你的策划会，因为他们的想法有可能具有代表性。他们也可以提供关于提高参与兴趣和扩大传播效果的有效方法。除了将家长纳入你的策划团队，还可以考虑在该学年内询问家长关于下一学年对家庭开放日活动的想法。问问家长哪些因素能让他们感觉到受欢迎。最后，确保你的活动能让学生家长可以在一天的时间内在一个地方就完成所有事情，还能联系到各种社区合作伙伴并获得资源，以支持学生取得学业成就。邀请图书馆代表，这样学生和他们的家长就可以办理借书证。提前了解当地组织是否会捐赠学习用品和适当的物品给每个参与的家庭。

在早期建立信任 多级回应卡　问题 1	
第一级：你的回应	
我们学校的场景	
我们学校的场景与典型场景的相似之处	
我们学校的优势和挑战	
第二级：家长一的回应	
我们学校的场景	
我们学校的场景与典型场景的相似之处	
我们学校的优势和挑战	

第三级：家长二的回应	
孩子学校的场景	
孩子学校的场景与典型场景的相似之处	
孩子学校的优势和挑战	
第四级：同事的回应	
我们学校的场景	
我们学校的场景与典型场景的相似之处	
我们学校的优势和挑战	

第五级：集体头脑风暴	
我们是否有意请学生和家庭分享他们对建立有效的家校社共育合作的看法？	
在以下五项实践中，哪一项已经被包含在我们学校的方案中？ ● 确认学生成就 ● 认识学生的文化背景和规范 ● 推动召开协作会议 ● 有效沟通 ● 及时正向反馈	
这五项实践中哪一项应该添加到这个场景的头脑风暴解决方案中？	
如何加入这些缺失的实践，以及如何更有效地实施当前的实践？	

问题2 **我们学校的实践、方案和活动如何通过尊重学生和家庭的声音赢得信任？**

典型场景：

似乎越接近学年尾声，就越难与家长就学生的进步情况展开坦诚的对话。我们试着向家长解释，他们应该来参加学生会议，或者更频繁地与学生交流进步情况。但是无论我们多么频繁地提醒家长定期检查学生的进步，仍然会和他们在年中和年底因为他们担心学生没有达到标准而产生冲突。

技巧与应用策略：

考虑“将话说在前面”，尽早提供支持建议。如果家长能及时掌握解决问题的方法，让学生有所作为，他们就不会因学生进步慢而感到沮丧或无助。此外，要了解学校的家长通知系统是否有能力在学生落后之前就通过自动电话、短信或评分软件向家长发送学生的最新情况。

在早期建立信任 多级回应卡　问题 2	
第一级：你的回应	
我们学校的场景	
我们学校的场景与典型场景的相似之处	
我们学校的优势和挑战	
第二级：家长一的回应	
我们学校的场景	
我们学校的场景与典型场景的相似之处	
我们学校的优势和挑战	

第三级：家长二的回应	
孩子学校的场景	
孩子学校的场景与典型场景的相似之处	
孩子学校的优势和挑战	
第四级：同事的回应	
我们学校的场景	
我们学校的场景与典型场景的相似之处	
我们学校的优势和挑战	

第五级：集体头脑风暴	
我们是否有意请学生和家庭分享他们对建立有效的家校社共育合作的看法?	
在以下五项实践中，哪一项已经被包含在我们学校的方案中? • 确认学生成就 • 认识学生的文化背景和规范 • 推动召开协作会议 • 有效沟通 • 及时正向反馈	
这五项实践中哪一项应该添加到这个场景的头脑风暴解决方案中?	
如何加入这些缺失的实践，以及如何更有效地实施当前的实践?	

问题3 我们学校的做法、方案和活动在哪些方面对建立信任、打造家校共育合作、尊重学生和家庭的声音造成了障碍？

典型场景：

我们的小学和中学门口都贴着各种欢迎标语。在小学阶段，当家长早上送学生到停车场时，我们会和他们打招呼；在中学阶段，我们会安排专门的工作人员在学生下车进入学校时迎接他们。

技巧与应用策略：

除了暖心的问候和欢迎标志，还要确保所有张贴在教学楼内外的标志也有欢迎的基调。大多数学校的标志都包含“不要”“不能”“不应该”“必须”“警告”等词语，这些词语会打击学生和家长的积极情绪。你可以询问家长是否可以轮流在教学日的不同时间担任志愿迎宾员，帮助告知其他家长在哪里签到，以及如何找到他们想要的东西。担任志愿者的家长还可以告知其他家长如何得到学生所需的辅助信息和支持。家长志愿者也可以加入学校的家长领导团队或咨询团队，帮助建立一个多元化的家长会；或者他们也可以选择不参与任何团体，而是帮助学校联系更多之前未接触到的家庭。接触所有家长，确保担任志愿者不会占用他们太长时间，这将增加他们自愿担任这一职务的可能性。更具体地说，如果你让家长知道帮助其他家庭会使他们自己感到受欢迎，并且承诺不会占用他们太长时间（如承诺每次时长一个小时、每月一次或每次时长两小时、每年两次），这样，家长就会用自己的方式去安排时间表，力所能及地为学校提供志愿服务。

当一项志愿服务不需要占用太长时间，也不用经过费力的培训，而且有明确的服务时间数据时，它会对那些愿意参加学校志愿者活动但时间表不够灵活的家长更有吸引力。

在早期建立信任 多级回应卡 问题 3	
第一级：你的回应	
我们学校的场景	
我们学校的场景与典型场景的相似之处	
我们学校的优势和挑战	
第二级：家长一的回应	
我们学校的场景	
我们学校的场景与典型场景的相似之处	
我们学校的优势和挑战	

第三级：家长二的回应	
孩子学校的场景	
孩子学校的场景与典型场景的相似之处	
孩子学校的优势和挑战	
第四级：同事的回应	
我们学校的场景	
我们学校的场景与典型场景的相似之处	
我们学校的优势和挑战	

第五级：集体头脑风暴	
我们是否有意请学生和家庭分享他们对建立有效的家校社共育合作的看法？	
在以下五项实践中，哪一项已经被包含在我们学校的方案中？ • 确认学生成就 • 认识学生的文化背景和规范 • 推动召开协作会议 • 有效沟通 • 及时正向反馈	
这五项实践中哪一项应该添加到这个场景的头脑风暴解决方案中？	
如何加入这些缺失的实践，以及如何更有效地实施当前的实践？	

问题4 如何收集家长的信息，以帮助我们了解学生的优势、兴趣和文化背景，促进家校社共育合作和学生投入度？

典型场景：

每个班级的学生人数都在逐年增加，对改善结果的期望也在不断提高。在这种现实情况下，我们要求家长与我们分享他们孩子的优势、兴趣和文化背景，但似乎愿意分享这些信息的家长，他们的孩子都已经做得很好了。

技巧与应用策略：

虽然有些人可能对此感到困惑：优秀的学生和高度配合的家庭，哪个更重要？但现实情况表明，高度配合的家庭和优秀的学生之间存在很强的相关性。你可以通过为学生布置一项有趣并富有个人意义的家庭作业让家长参与其中，从而让更多家长可以轻松地提供学生的这些信息。让每个学生选择三个他们认识的富有爱心的成年人（如家庭成员、导师、当地社区领导人、邻居），并请他们在三张不同的索引卡上回答以下问题。

> 我有一项家庭作业，要求我采访三个不同的成年人，请他们回答以下三个关于我的问题：
>
> - 您注意到我有哪些优点？
> - 您最欣赏我哪一点？
> - 您能给我什么建议来帮助实现我的目标和梦想？

让学生收集每张索引卡上的答案，并在课堂上分享其中一张。对于那些不喜欢公开分享的学生，可以让他们写一两页概述，解释自己与受采访的人有什么共同点（如果有的话），以及为什么决定采访这个人。让学生上交他们的索引卡，这样你就可以从不同角度了解学生的优势、兴趣和文化背景。

学生很可能选择的是三个他们信任、认同或熟悉的人，其中可能包括了解他们的优势、兴趣和文化背景的人。你可以询问学生是否愿意邀请索引卡上的人参加学年内的活动。

<table>
<tr><th colspan="2">在早期建立信任
多级回应卡 问题 4</th></tr>
<tr><th colspan="2">第一级：你的回应</th></tr>
<tr><td>我们学校的场景</td><td></td></tr>
<tr><td>我们学校的场景与典型场景的相似之处</td><td></td></tr>
<tr><td>我们学校的优势和挑战</td><td></td></tr>
<tr><th colspan="2">第二级：家长一的回应</th></tr>
<tr><td>我们学校的场景</td><td></td></tr>
<tr><td>我们学校的场景与典型场景的相似之处</td><td></td></tr>
<tr><td>我们学校的优势和挑战</td><td></td></tr>
</table>

第三级：家长二的回应	
孩子学校的场景	
孩子学校的场景与典型场景的相似之处	
孩子学校的优势和挑战	
第四级：同事的回应	
我们学校的场景	
我们学校的场景与典型场景的相似之处	
我们学校的优势和挑战	

第五级：集体头脑风暴	
我们是否有意请学生和家庭分享他们对建立有效的家校社共育合作的看法？	
在以下五项实践中，哪一项已经被包含在我们学校的方案中？ • 确认学生成就 • 认识学生的文化背景和规范 • 推动召开协作会议 • 有效沟通 • 及时正向反馈	
这五项实践中哪一项应该添加到这个场景的头脑风暴解决方案中？	
如何加入这些缺失的实践，以及如何更有效地实施当前的实践？	

问题5 我们如何让学生和家长知道我们利用他们的反馈改善了学校文化和教学实践？

典型场景：

我们会在家长会期间与家长咨询团队的成员分享学校的最新情况和变化，他们也会向认识的家长传播消息。此外，我们也会让学生代表与参加各种校级俱乐部的学生分享这些消息。

技巧与应用策略：

除了与家长咨询团队和校内学生代表分享最新情况和信息外，还可以考虑找那些不常参加学校活动的家长和学生来帮助传播消息。可将你的外部联系人列表扩展到学校附近可信赖的公寓住宅的物业经理、儿童保育项目负责人、课外项目负责人，以及当地文化协会或组织的领导人。与社区成员共享信息将有助于把学校的最新消息传达给各种各样的家庭。

你还可以有意识地结识当地社区中了解学生和家庭所属文化的领导者，并与他们进行合作。这些努力将使你接触到以前没有接触到的家庭，帮助你传播学校的最新情况，并在需要传达更重要的信息时请他们提供你所需要的联系方式。

<table>
<tr><th colspan="2">在早期建立信任
多级回应卡　问题 5</th></tr>
<tr><th colspan="2">第一级：你的回应</th></tr>
<tr><td>我们学校的场景</td><td></td></tr>
<tr><td>我们学校的场景与典型场景的相似之处</td><td></td></tr>
<tr><td>我们学校的优势和挑战</td><td></td></tr>
<tr><th colspan="2">第二级：家长一的回应</th></tr>
<tr><td>我们学校的场景</td><td></td></tr>
<tr><td>我们学校的场景与典型场景的相似之处</td><td></td></tr>
<tr><td>我们学校的优势和挑战</td><td></td></tr>
</table>

第三级：家长二的回应	
孩子学校的场景	
孩子学校的场景与典型场景的相似之处	
孩子学校的优势和挑战	
第四级：同事的回应	
我们学校的场景	
我们学校的场景与典型场景的相似之处	
我们学校的优势和挑战	

第五级：集体头脑风暴	
我们是否有意请学生和家庭分享他们对建立有效的家校社共育合作的看法?	
在以下五项实践中，哪一项已经被包含在我们学校的方案中? • 确认学生成就 • 认识学生的文化背景和规范 • 推动召开协作会议 • 有效沟通 • 及时正向反馈	
这五项实践中哪一项应该添加到这个场景的头脑风暴解决方案中?	
如何加入这些缺失的实践，以及如何更有效地实施当前的实践?	

给学校团队的建议

从团队的角度讨论本章涉及的五个问题，并请家长参与对话。在团队回应完问题后，继续思考以下建议：

- 思考如何建立一个协作式家庭参与促进团队，重点关注如何帮助学校及早获得家庭的信任，让家长相信学校是注重教育公平和学生成就的。
- 思考如何让团队成员包含校领导、家长以及不同层次的代表人物，学习各种支持方法和不同的文化视角。
- 思考你们将如何作为一个团队来解决每个问题，重点是想出一两个全校层面的战略，帮助学校增加与未接触家庭的联系。
- 思考如何确定战略的预期目标，包括一个具体的开始日期、每个团队成员的关键角色，以及你将如何、在何时监控目标的进展。
- 思考如何修正学校的政策和措施，使其与预期目标相一致，这些目标主要针对你们在促进教育公平和提高学生成就方面尚未接触到的家庭。

第二章

主动分担责任

家长和教育工作者都愿意为帮助学生在学业上取得成就而承担责任。然而，很可能他们在被直接要求之前，都没有想过如何描述或确定他们的责任，即使他们这样做了，也是外界刻意要求的结果。只有当事情变得复杂时，人们才会对共同责任做出分担的安排，并给出明确的解释。

当教育工作者更加熟悉来自学生家庭和社区的优势、文化背景和知识水平时，分担责任就不那么复杂。明确何时、如何以及在家校社共育合作中不同角色该做些什么有助于防止意外和冲突。

有意地寻求和利用家庭的优势、文化背景和知识水平，可以帮助学校了解已有但未开发的资源和支持，还可以促进分担责任。因为这种做法能够让家庭更多地参与决策、领导和志愿者工作。

考虑你所在的学校在每个问题上的做法，你的答案要考虑到那些未被接触家庭的学生。阅读典型场景、技巧与应用策略，然后写下你所在学校的典型场景，以及任何你能发现的相似之处。在总结你所在学校的典型场景后，分析它的优势和挑战。

完成自我反省只是第一步，找两位家长和一位同事，他们会阅读你的回应，并给出他们自己的回应，你们可以通过集体头脑风暴得出一个潜在的解决方案，这可以增强你的优势，解决你所发现的问题。在第六章我们收集了一些你可能需要的解决方案，在这里你将完成集体头脑风暴部分。

问题1 关于家庭文化规范和对承担共育责任以支持学生在学校取得成功的看法，家长想让我们知道什么？

典型场景：

我们知道，除了衣食住行，家庭还有更多想要跟我们分享的文化，所以在我们的多元文化活动中，我们也为家庭提供机会，建立空间，让来自不同文化族群的家庭可以在学校与其他家庭分享他们的文化故事和历史。

我们还邀请社区合作伙伴和在社区德高望重的文化领袖在图书馆、自助餐厅和教室主持对话活动。

技巧与应用策略：

在某些情况下，家长很乐意在家里履行他们的教育责任，并礼貌地让教师管理所有与学校有关的事情。尽管这种方式反映了他们对教师的尊重，以及他们相信学生无论如何都能做得很好，但也反映了家长们平时非常繁忙，对他们的努力能带来的改变也缺乏信心。这也是一些导致教育工作者未能接触到他们，以促进教育公平和提高学生成就的原因。

在大多数情况下，学校没有足够的理由让家长相信他们的文化背景和承担共育责任的愿望会得到尊重和重视。家长没有对学校长期的信任，没有收到学校真诚、明确的邀请，不太可能主动分享这类信息。即使在信任已经建立的早期和家长参与共育的愿望已经明确的情况下，我们还要考虑权力和特权的因素。当家长愿意不设防地分享他们的文化背景和参与共育的愿景时，如果教育工作者和决策者认为他们的分享是无关紧要的，会发生什么呢？技巧或策略无法回答这么复杂的问题，所以解决问题的最佳方法是确保你已经为讨论做好了准备。

主动分担责任
多级回应卡 问题1

第一级：你的回应	
我们学校的场景	
我们学校的场景与典型场景的相似之处	
我们学校的优势和挑战	
第二级：家长一的回应	
我们学校的场景	
我们学校的场景与典型场景的相似之处	
我们学校的优势和挑战	

第三级：家长二的回应	
孩子学校的场景	
孩子学校的场景与典型场景的相似之处	
孩子学校的优势和挑战	
第四级：同事的回应	
我们学校的场景	
我们学校的场景与典型场景的相似之处	
我们学校的优势和挑战	

<table>
<tr><th colspan="2">第五级：集体头脑风暴</th></tr>
<tr><td>我们是否有意请学生和家庭分享他们对建立有效的家校社共育合作的看法?</td><td></td></tr>
<tr><td>在以下五项实践中，哪一项已经被包含在我们学校的方案中?
● 确认学生成就
● 认识学生的文化背景和规范
● 推动召开协作会议
● 有效沟通
● 及时正向反馈</td><td></td></tr>
<tr><td>这五项实践中哪一项应该添加到这个场景的头脑风暴解决方案中?</td><td></td></tr>
<tr><td>如何加入这些缺失的实践，以及如何更有效地实施当前的实践?</td><td></td></tr>
</table>

问题2　如何利用家庭的洞察力来指导我们的预防、干预工作和学校改善计划?

典型场景:

我的一位同事提到，她的一个学生的父亲偶然发现了一种有效的方法，可以帮助他的儿子在户外玩耍后集中精力完成作业。这个方法很容易操作，所以我的同事在学生假期回来后的一天进行了尝试。这个方法奏效了，我的同事打电话告诉了那位父亲。他向她表示感谢，并告诉她，她是第一个问他如何防止孩子被课业压得喘不过气来，或者当孩子被压得喘不过气来时如何让他冷静下来的教师。

技巧与应用策略:

如果干预和预防工作能一直这么简单就好了。我们都知道，影响学生投入度和动机的因素远比上述典型场景中呈现的复杂得多。然而，有些情况最终会比必要情况复杂得多，因为我们把家长作为提高学生投入度、动机或努力程度最后的有效资源和选择。

<table>
<tr><th colspan="2">主动分担责任
多级回应卡 问题2</th></tr>
<tr><th colspan="2">第一级：你的回应</th></tr>
<tr><td>我们学校的场景</td><td></td></tr>
<tr><td>我们学校的场景与典型场景的相似之处</td><td></td></tr>
<tr><td>我们学校的优势和挑战</td><td></td></tr>
<tr><th colspan="2">第二级：家长一的回应</th></tr>
<tr><td>我们学校的场景</td><td></td></tr>
<tr><td>我们学校的场景与典型场景的相似之处</td><td></td></tr>
<tr><td>我们学校的优势和挑战</td><td></td></tr>
</table>

第三级：家长二的回应	
孩子学校的场景	
孩子学校的场景与典型场景的相似之处	
孩子学校的优势和挑战	
第四级：同事的回应	
我们学校的场景	
我们学校的场景与典型场景的相似之处	
我们学校的优势和挑战	

第五级：集体头脑风暴	
我们是否有意请学生和家庭分享他们对建立有效的家校社共育合作的看法?	
在以下五项实践中，哪一项已经被包含在我们学校的方案中? • 确认学生成就 • 认识学生的文化背景和规范 • 推动召开协作会议 • 有效沟通 • 及时正向反馈	
这五项实践中哪一项应该添加到这个场景的头脑风暴解决方案中?	
如何加入这些缺失的实践，以及如何更有效地实施当前的实践?	

问题3 **我们可以与学生和家长分享哪些类型的教育资源、作业或机会来帮助他们充分利用校外学习机会？**

典型场景：

在假期期间，我要求我的学生通过写一个小故事或写日记来练习他们的写作技巧。为了增加他们的动力，我提出开学后他们可以用假期写的东西来代替一次课堂作业。

技巧与应用策略：

给学生一个特定的写作提示，鼓励他们选择一个与家庭传统或职业目标有关的主题，并邀请他们的家长或他们在社区中钦佩的人作为审读者或合作者。联系每个学生的家长，或者让学生在放假前通知他们的家长，让家长知道这个任务，以便他们可以提前做好参与准备。

主动分担责任 多级回应卡 问题 3	
第一级：你的回应	
我们学校的场景	
我们学校的场景与典型场景的相似之处	
我们学校的优势和挑战	
第二级：家长一的回应	
我们学校的场景	
我们学校的场景与典型场景的相似之处	
我们学校的优势和挑战	

第三级：家长二的回应	
孩子学校的场景	
孩子学校的场景与典型场景的相似之处	
孩子学校的优势和挑战	

第四级：同事的回应	
我们学校的场景	
我们学校的场景与典型场景的相似之处	
我们学校的优势和挑战	

第五级：集体头脑风暴	
我们是否有意请学生和家庭分享他们对建立有效的家校社共育合作的看法?	
在以下五项实践中，哪一项已经被包含在我们学校的方案中? • 确认学生成就 • 认识学生的文化背景和规范 • 推动召开协作会议 • 有效沟通 • 及时正向反馈	
这五项实践中哪一项应该添加到这个场景的头脑风暴解决方案中?	
如何加入这些缺失的实践，以及如何更有效地实施当前的实践?	

问题4 有什么方法可以让我们更好地尊重和了解我们的学生，以及他们家庭的资源和文化背景？

典型场景：

我们学校的工作人员会在适当的时间讨论教育公平和文化背景。通常在这时，我们会邀请来自不同文化背景的嘉宾在课堂或学校集会上做演讲。

技巧与应用策略：

在某种程度上，与教育公平和文化背景有关的定期讨论活动可以展示学生及其家庭带来的社区资源和文化规范。除了庆祝不同文化的特殊节日，还可以让那些能代表学生群体的演讲者和领导者全年参与学校的对话活动，而不仅仅把讨论局限在每年的文化活动中。邀请这些演讲者参加小组讨论和专业发展会议。让你的专业发展规划团队与演讲者一起设立问答环节，并要求演讲者分享他们在文化规范和社区资源方面的专业知识。实际上，他们很愿意与教育工作者讨论这些问题。

主动分担责任 多级回应卡 问题 4	
第一级：你的回应	
我们学校的场景	
我们学校的场景与典型场景的相似之处	
我们学校的优势和挑战	
第二级：家长一的回应	
我们学校的场景	
我们学校的场景与典型场景的相似之处	
我们学校的优势和挑战	

第三级：家长二的回应	
孩子学校的场景	
孩子学校的场景与典型场景的相似之处	
孩子学校的优势和挑战	
第四级：同事的回应	
我们学校的场景	
我们学校的场景与典型场景的相似之处	
我们学校的优势和挑战	

第五级：集体头脑风暴	
我们是否有意请学生和家庭分享他们对建立有效的家校社共育合作的看法？	
在以下五项实践中，哪一项已经被包含在我们学校的方案中？ • 确认学生成就 • 认识学生的文化背景和规范 • 推动召开协作会议 • 有效沟通 • 及时正向反馈	
这五项实践中哪一项应该添加到这个场景的头脑风暴解决方案中？	
如何加入这些缺失的实践，以及如何更有效地实施当前的实践？	

问题5　我们如何邀请学生家庭来帮助我们在地区、学校和课堂层面融入文化相关性和公平性？

典型场景：

我们学校每年都会组织一次多元文化活动，鼓励家长和学生穿着特色服饰，分享来自他们文化背景的食物和工艺品。我们还让学生创作代表他们文化背景的艺术作品，并帮助他们制作海报，布置展览。

技巧与应用策略：

尝试上述典型场景中的建议，也给学生提供机会，写出他们文化背景中的专业人士或著名领导者，这些人在职业生涯中表现出色，取得了学生自己渴望实现的成就。鼓励学生与他们的家长合作，寻找或创作视频、短文或诗歌，分享与他们的文化背景有关的积极信息。

主动分担责任 多级回应卡 问题5	
第一级：你的回应	
我们学校的场景	
我们学校的场景与典型场景的相似之处	
我们学校的优势和挑战	
第二级：家长一的回应	
我们学校的场景	
我们学校的场景与典型场景的相似之处	
我们学校的优势和挑战	

第三级：家长二的回应	
孩子学校的场景	
孩子学校的场景与典型场景的相似之处	
孩子学校的优势和挑战	
第四级：同事的回应	
我们学校的场景	
我们学校的场景与典型场景的相似之处	
我们学校的优势和挑战	

第五级：集体头脑风暴	
我们是否有意请学生和家庭分享他们对建立有效的家校社共育合作的看法?	
在以下五项实践中，哪一项已经被包含在我们学校的方案中? • 确认学生成就 • 认识学生的文化背景和规范 • 推动召开协作会议 • 有效沟通 • 及时正向反馈	
这五项实践中哪一项应该添加到这个场景的头脑风暴解决方案中?	
如何加入这些缺失的实践，以及如何更有效地实施当前的实践?	

给学校团队的建议

从团队的角度讨论本章涉及的五个问题，并请家长参与对话。在团队回应完问题后，继续思考以下建议：

- 思考如何在类似的小组中建立联系（如工作人员之间、家长之间、学生之间），讨论承担共育责任对每个小组意味着什么，因为这与促进教育公平和提高学生成就的共育合作密切相关。
- 思考如何围绕每个团队的观点进行合作，确定承担共育责任对他们来说意味着什么，并确定共识范围。
- 思考如何寻找每个小组共同面临和希望讨论的两三个问题，然后共同协作，支持和推进这些共识。
- 思考如何确定战略的预期目标，包括一个具体的开始日期、每个团队成员的关键角色，以及你将如何、在何时监控目标的进展。
- 思考如何修正学校的政策和措施，使其与预期目标相一致，这些目标主要针对你们在促进教育公平和提高学生成就方面尚未接触到的家庭。

第三章

透彻交流，平衡期望

教育工作者和学生家长通常对自己和对方抱有极高的期望，以至于当学生没有取得成就时，双方都会感到不知所措。家长、教师和学生应共同制定合作目标，使各方对目标更加清晰，这有助于在冲突发生之前对已表明和未表明的期望达成共识。在家长和教育工作者之间应进行透明、双向的思想和期望交流，让学生有机会看到、听到和理解对他的期望。这种交流还可以产生积极的作用，使合作中的每个成员下定决心并能够支持学生的成功。建立积极的联系，告知并强调每个共育伙伴第一步是什么、下一步怎么做，提高信息透明度。如果家校社共育中的每个人都公开并提前说明他们的希望和预期，当学生将来需要额外的支持时，这有助于避免不合理的要求。在开始合作时，了解每个人的努力程度，可以防止由于误解而在后期需要调整努力的程度和方向。

考虑你所在的学校在每个问题上的做法，你的答案要考虑到那些未被接触家庭的学生。阅读典型场景、技巧与应用策略，然后写下你所在学校的典型场景，以及任何你能发现的相似之处。在总结你所在学校的典型场景后，分析它的优势和挑战。

完成自我反省只是第一步，找两位家长和一位同事，他们会阅读你的回应，并给出他们自己的回应，你们可以通过集体头脑风暴得出一个潜在的解决方案，这可以增强你的优势，解决你所发现的问题。在第六章我们收集了一些你可能需要的解决方案，在这里你将完成集体头脑风暴部分。

问题1 我们何时、如何询问学生家长对学生进步的期望，以及他们在学生进步中所起到的作用？

典型场景：

我们通过家长问卷调查和组织晚间活动接触家庭，以了解他们希望如何参与家校社共育，但我们每次都会接触到相同的家庭和相同的信息。我们也会在年初的校园开放日活动中询问他们的意见，我们会关注他们的意见，以便在筹备家长—教师沟通会时再次访问他们。

技巧与应用策略：

明确表达你想向学生家庭学习的兴趣，让他们更乐于向你讲述，并且要不止一次地表达你的兴趣。如果家长问卷调查简短、操作方便，并且能为不太懂新技术的家长提供电子版和纸质版，那么会很有效。如果家长相信你真的想知道，并且你会在得到信息后采取行动，那么他们就会渴望分享他们的观点。收到回复后，你一定要分享结果，以及你会如何应用它们来进行改进。为了进一步表达你更强烈的建立信任和衡量各方努力的愿望，请家长就如何分析和理解调查结果提供意见。利用他们的意见进行沟通，让他们知道应如何以及何时通过他们喜欢的渠道达到改进目的。提供具体的想法和机会，让他们参与学校或社区一级的下一步行动，并请他们帮助你创建或改善家校社共育实践。

<table>
<tr><th colspan="2">透彻交流，平衡期望
回应卡　问题 1</th></tr>
<tr><th colspan="2">第一级：你的回应</th></tr>
<tr><td>我们学校的场景</td><td></td></tr>
<tr><td>我们学校的场景与典型场景的相似之处</td><td></td></tr>
<tr><td>我们学校的优势和挑战</td><td></td></tr>
<tr><th colspan="2">第二级：家长一的回应</th></tr>
<tr><td>我们学校的场景</td><td></td></tr>
<tr><td>我们学校的场景与典型场景的相似之处</td><td></td></tr>
<tr><td>我们学校的优势和挑战</td><td></td></tr>
</table>

第三级：家长二的回应	
孩子学校的场景	
孩子学校的场景与典型场景的相似之处	
孩子学校的优势和挑战	
第四级：同事的回应	
我们学校的场景	
我们学校的场景与典型场景的相似之处	
我们学校的优势和挑战	

<table>
<tr><th colspan="2">第五级：集体头脑风暴</th></tr>
<tr><td>我们是否有意请学生和家庭分享他们对建立有效的家校社共育合作的看法?</td><td></td></tr>
<tr><td>在以下五项实践中，哪一项已经被包含在我们学校的方案中?
• 确认学生成就
• 认识学生的文化背景和规范
• 推动召开协作会议
• 有效沟通
• 及时正向反馈</td><td></td></tr>
<tr><td>这五项实践中哪一项应该添加到这个场景的头脑风暴解决方案中?</td><td></td></tr>
<tr><td>如何加入这些缺失的实践，以及如何更有效地实施当前的实践?</td><td></td></tr>
</table>

问题2 当我们邀请学生家庭参与家校社共育时，如何解决技术、语言、交通、学生看护和日程安排受限等问题？

典型场景：

校长让我们安排每年两次的家长—老师—学生交流会，在学生家附近的公寓住宅中以小组形式举办。这种方法解决了学生和家庭经常会遇到的交通障碍。

把活动带给家庭，而不总是期待家庭来学校参加活动，这是解决与家庭建立共育合作障碍的良好开端。

技巧与应用策略：

选择一个有技术支持的地方，可以邀请口译人员和保育服务人员加入团队和交流会。这可以解决交流会可能遇到的问题：学生家长说不同的语言，并且学生在交流会期间需要看护。询问家长一天中在什么地点和时间最适合安排会议，并考虑让工作人员参与得多一点，以便在可能的情况下提供早、晚会议的选择。如果会议时间与用餐时间重合，则应为工作人员和学生家长提供合适的工作餐。

透彻交流，平衡期望
回应卡　问题2

第一级：你的回应	
我们学校的场景	
我们学校的场景与典型场景的相似之处	
我们学校的优势和挑战	
第二级：家长一的回应	
我们学校的场景	
我们学校的场景与典型场景的相似之处	
我们学校的优势和挑战	

第三级：家长二的回应	
孩子学校的场景	
孩子学校的场景与典型场景的相似之处	
孩子学校的优势和挑战	
第四级：同事的回应	
我们学校的场景	
我们学校的场景与典型场景的相似之处	
我们学校的优势和挑战	

第五级：集体头脑风暴	
我们是否有意请学生和家庭分享他们对建立有效的家校社共育合作的看法？	
在以下五项实践中，哪一项已经被包含在我们学校的方案中？ ● 确认学生成就 ● 认识学生的文化背景和规范 ● 推动召开协作会议 ● 有效沟通 ● 及时正向反馈	
这五项实践中哪一项应该添加到这个场景的头脑风暴解决方案中？	
如何加入这些缺失的实践，以及如何更有效地实施当前的实践？	

问题3 哪些家长对我们的家校社共育拓展工作反应积极，哪些家长的反应似乎并不积极，为什么？

典型场景：

我的一些学生的家长忘记在允许学生接触科技、实地考察和课后项目的表格上签字。我们在学年开始的时候会把表格打包，通过电子邮件以附件的形式发送，也让学生把表格带回家交给家长。但是我无法一一发送查收提醒，所以有些学生最终错过了这个机会。

技巧与应用策略：

找出家长不签署表格的其他原因。可能出于宗教或文化原因，家长会选择让他们的孩子不参与活动或实地考察。也要考虑举办宗教和文化活动的日期可能与学校的活动冲突。让你的学生和他们的家长帮助你用公平的视角审视学校的期望、计划和日程安排。联系社区团体和当地组织，看看他们是否可以提出补充建议或帮助你的学校对现有的基于学校的活动和项目做出调整。

透彻交流，平衡期望

回应卡　问题3

第一级：你的回应	
我们学校的场景	
我们学校的场景与典型场景的相似之处	
我们学校的优势和挑战	
第二级：家长一的回应	
我们学校的场景	
我们学校的场景与典型场景的相似之处	
我们学校的优势和挑战	

第三级：家长二的回应	
孩子学校的场景	
孩子学校的场景与典型场景的相似之处	
孩子学校的优势和挑战	

第四级：同事的回应	
我们学校的场景	
我们学校的场景与典型场景的相似之处	
我们学校的优势和挑战	

第五级：集体头脑风暴	
我们是否有意请学生和家庭分享他们对建立有效的家校社共育合作的看法?	
在以下五项实践中，哪一项已经被包含在我们学校的方案中? ● 确认学生成就 ● 认识学生的文化背景和规范 ● 推动召开协作会议 ● 有效沟通 ● 及时正向反馈	
这五项实践中哪一项应该添加到这个场景的头脑风暴解决方案中?	
如何加入这些缺失的实践，以及如何更有效地实施当前的实践?	

问题4 如何避免精疲力竭，平衡好学校管理责任、家校社共育工作和个人的自我照顾？

典型场景：

作为一名学校领导，对于教师会议和学生活动，我通常每周必参加三四次。为了确保不让我的员工们精疲力竭，我把所有的会议安排在下午4：0开始，这样就可以在下午6：00或6：30结束，教师们就有时间回去和自己的家人在一起。

技巧与应用策略：

家长也更愿意避免在下班后参加大量晚间会议。考虑到这一点，可以少安排一些会议，但要确保开始的时间与家长的工作时间错开。许多家长要工作到下午5：00，在参加学校活动的路上还要应付交通拥堵，过早地安排会议可能阻碍家长参与。

通过使活动包含多个目标、时间方便、对教师和家庭更有意义来减少每周活动的次数，这将有助于确保更多的参加人数，减少教师和家长的压力。例如，把共育课程和“数学之夜”安排在招聘会或职业日的晚上，就可以腾出两个晚上的时间，还增加了多样性和方便性。活动可能需要早一点开始，晚一点结束，但这样就不需要连续占用三个晚上。

透彻交流，平衡期望 回应卡　问题 4	
第一级：你的回应	
我们学校的场景	
我们学校的场景与典型场景的相似之处	
我们学校的优势和挑战	
第二级：家长一的回应	
我们学校的场景	
我们学校的场景与典型场景的相似之处	
我们学校的优势和挑战	

第三级：家长二的回应	
孩子学校的场景	
孩子学校的场景与典型场景的相似之处	
孩子学校的优势和挑战	
第四级：同事的回应	
我们学校的场景	
我们学校的场景与典型场景的相似之处	
我们学校的优势和挑战	

第五级：集体头脑风暴	
我们是否有意请学生和家庭分享他们对建立有效的家校社共育合作的看法?	
在以下五项实践中，哪一项已经被包含在我们学校的方案中? • 确认学生成就 • 认识学生的文化背景和规范 • 推动召开协作会议 • 有效沟通 • 及时正向反馈	
这五项实践中哪一项应该添加到这个场景的头脑风暴解决方案中?	
如何加入这些缺失的实践，以及如何更有效地实施当前的实践?	

问题5 家庭和社区可以通过哪些方式为学校提供直接支持？

典型场景：

我们发现，并不是所有我们邀请进行家校社共育的社区在文化上都有足够的响应能力帮助我们促进相互信任的关系。因此，我们学会了对学生的家长开诚布公，并要求他们对我们也开诚布公，要了解哪些社区组织确实崇尚他们自己的文化规范，哪些组织似乎不太倾向于促进文化交流方面的家校社共育。

技巧与应用策略：

请家长帮你找到社区合作伙伴，让他们以一种所有家庭都应参与促进教育公平和提高学生成就的理念来引导和服务社区家庭。如果家长无法为你提供这类信息，请找人联系社区组织，让他们知道你们对建立服务所有家庭和学生，促进教育公平和提高学生成就的家校社共育合作的政策和信念。他们最终也会提供信息、证明和家长感言与你相向而行。

透彻交流，平衡期望 回应卡　问题5	
第一级：你的回应	
我们学校的场景	
我们学校的场景与典型场景的相似之处	
我们学校的优势和挑战	
第二级：家长一的回应	
我们学校的场景	
我们学校的场景与典型场景的相似之处	
我们学校的优势和挑战	

第三级：家长二的回应	
孩子学校的场景	
孩子学校的场景与典型场景的相似之处	
孩子学校的优势和挑战	
第四级：同事的回应	
我们学校的场景	
我们学校的场景与典型场景的相似之处	
我们学校的优势和挑战	

第五级：集体头脑风暴	
我们是否有意请学生和家庭分享他们对建立有效的家校社共育合作的看法？	
在以下五项实践中，哪一项已经被包含在我们学校的方案中？ ● 确认学生成就 ● 认识学生的文化背景和规范 ● 推动召开协作会议 ● 有效沟通 ● 及时正向反馈	
这五项实践中哪一项应该添加到这个场景的头脑风暴解决方案中？	
如何加入这些缺失的实践，以及如何更有效地实施当前的实践？	

给学校团队的建议

从团队的角度讨论本章涉及的五个问题，并请家长参与对话。在团队回应完问题后，继续思考以下建议：

- 思考你们将如何作为一个团队总结对有效结果的期望以及在前一章讨论的共担责任。
- 思考如何作为一个团队与学生家长合作，产生相互认可的想法，以平衡他们的期望。
- 思考如何识别对期望的误解，以及如何应对这些误解以保持积极的心态。
- 思考如何确定战略的预期目标，包括一个具体的开始日期，每个团队成员的关键角色，以及你将如何、在何时监控目标的进展。
- 思考如何修正学校的政策和措施，使其与预期目标相一致，这些目标主要针对你们在促进教育公平和提高学生成就方面尚未接触到的家庭。

第四章

为努力赋予意义

在发展有效的家校社共育关系方面，一些成功的数据和衡量标准对于家长来说并不是那么有意义，但重要的是让家长知道你正在努力通过家校社共育成就你的学生。同样重要的是，要了解家长对他们孩子的可衡量的和不可衡量的期望和目标，并帮助他们找到方法了解和掌握达到这些期望和目标更多的数据。

一项有意义的衡量标准可能反映出他们能否有效地找到方法，支持和监督他们的孩子获得学分和课业上的进步，以取得大学奖学金。根据学生的优势、升学目标和职业目标，找出对学生和家庭最重要的是什么很有意义。教育工作者可以直接向学生和家庭介绍具体的工作人员、资源、社区合作伙伴或联系人，这会帮助学生和家庭有效使用和理解对他们来说最重要的升学目标和职业规划信息的数据资料，这对他们会更有帮助。尽管许多家长知道通过学校服务和资源可以获得一些工具、数据和机会，但未接触到这些服务的家长往往不知道如何利用这些服务和资源。

考虑你所在的学校在每个问题上的做法，你的答案要考虑到那些未被接触家庭的学生。阅读典型场景、技巧与应用策略，然后写下你所在学校的典型场景，以及任何你能发现的相似之处。在总结你所在学校的典型场景后，分析它的优势和挑战。

完成自我反省只是第一步，找两位家长和一位同事，他们会阅读你的回应，并给出他们自己的回应，你们可以通过集体头脑风暴得出一个潜在的解决方案，这可以增强你的优势，解决你所发现的问题。在第六章我们收集了一些你可能需要的解决方案，在这里你将完成集体头脑风暴部分。

问题1 学生的家长希望从与你和学校的合作中获得哪些不可衡量的益处？

典型场景：

一个学生的家长很关心如何帮助他们的孩子顺利地实现“小升初”。她希望我能给他们一些建议，告诉他们怎样才能支持学生度过这一阶段，又不显得过度干涉。我帮他们联系了其他有类似担忧的家长，并让他们与学生将要就读中学的几名工作人员取得了联系。

技巧与应用策略：

这是一个理想的例子，为从小学升入中学的学生和家庭提供温暖的“小升初”过渡支持。还可以为小学、初中和高中所有面临这种过渡阶段的学生和家庭提供校级活动。邀请学生、家庭和社区共育伙伴参加校级或区级过渡阶段活动，这是许多学校和社区多年来一直在做的事情。然而，有些活动更侧重于提供资料和信息。最有帮助的过渡活动是提供那些必要的资料、与社区共育伙伴的资源链接，以及家长和学生与工作人员交谈的机会。

为努力赋予意义 多次回应卡　问题 1	
第一级：你的回应	
我们学校的场景	
我们学校的场景与典型场景的相似之处	
我们学校的优势和挑战	
第二级：家长一的回应	
我们学校的场景	
我们学校的场景与典型场景的相似之处	
我们学校的优势和挑战	

第三级：家长二的回应	
孩子学校的场景	
孩子学校的场景与典型场景的相似之处	
孩子学校的优势和挑战	
第四级：同事的回应	
我们学校的场景	
我们学校的场景与典型场景的相似之处	
我们学校的优势和挑战	

第五级：集体头脑风暴	
我们是否有意请学生和家庭分享他们对建立有效的家校社共育合作的看法？	
在以下五项实践中，哪一项已经被包含在我们学校的方案中？ • 确认学生成就 • 认识学生的文化背景和规范 • 推动召开协作会议 • 有效沟通 • 及时正向反馈	
这五项实践中哪一项应该添加到这个场景的头脑风暴解决方案中？	
如何加入这些缺失的实践，以及如何更有效地实施当前的实践？	

问题2

通过家校社共育合作，你希望为学生带来哪些可衡量的结果？

典型场景：

我想增加通过我的数学课取得好成绩的学生的数量，所以我为家长们策划了一个“数学之夜”。我提前一周张贴了海报，并在学校网站上公布了所有的活动信息，但只有6位家长到场。

技巧与应用策略：

家长们很少浏览学校的网站，除非他们有针对性地想查询某些信息。如果你的学校没有使用一款手机应用，通过短信或电子邮件将活动或海报通知直接推送到他们的手机上，家长们不太可能注意或发现你的海报。海报适宜张贴在学生家庭日常活动范围内或附近区域（如校车下车地点、学校正门、图书馆、杂货店、健身中心、公寓住宅区）。如果家长们收到工作人员或他们认识的其他家长发来的私人邀请，他们会感觉更有参加的必要。提前两三周通知家长也是个好主意，而且可以通过若干种方式多次通知他们。

虽然人数不多，但有6位家长参加“数学之夜”活动会使他们对如何帮助那6个学生学习数学有更清晰的了解。毫无疑问，这将对那6个学生产生影响。

为努力赋予意义 多次回应卡　问题 2	
第一级：你的回应	
我们学校的场景	
我们学校的场景与典型场景的相似之处	
我们学校的优势和挑战	
第二级：家长一的回应	
我们学校的场景	
我们学校的场景与典型场景的相似之处	
我们学校的优势和挑战	

<table>
<tr><th colspan="2">第三级：家长二的回应</th></tr>
<tr><td>孩子学校的场景</td><td></td></tr>
<tr><td>孩子学校的场景与典型场景的相似之处</td><td></td></tr>
<tr><td>孩子学校的优势和挑战</td><td></td></tr>
<tr><th colspan="2">第四级：同事的回应</th></tr>
<tr><td>我们学校的场景</td><td></td></tr>
<tr><td>我们学校的场景与典型场景的相似之处</td><td></td></tr>
<tr><td>我们学校的优势和挑战</td><td></td></tr>
</table>

第五级：集体头脑风暴	
我们是否有意请学生和家庭分享他们对建立有效的家校社共育合作的看法？	
在以下五项实践中，哪一项已经被包含在我们学校的方案中？ • 确认学生成就 • 认识学生的文化背景和规范 • 推动召开协作会议 • 有效沟通 • 及时正向反馈	
这五项实践中哪一项应该添加到这个场景的头脑风暴解决方案中？	
如何加入这些缺失的实践，以及如何更有效地实施当前的实践？	

问题3 其他学校和社区利用哪些有效的家校社共育活动来促进可衡量的学生成就？

典型场景：

每年我们的社区都会派出一个工作组参加整个州或全国的家校社共育会议，了解其他学校和社区正在做什么。这个工作组由家长、各年级教师、一位学校负责人和一些社区行政人员组成。

技巧与应用策略：

向已经取得成功的人取经是学习新事物、从先验知识上出发而不必做重复尝试的好方法。然而，我们有时很难筹集差旅费，而且当工作组从这些培训会议回来时，他们通常会非常疲惫。在这种场景下，就要及时分享能够快速见效且易于落实的方法。

此外，要有意识地腾出时间复盘，以确定哪些具体方法将在当地的学校或社区发挥作用。另外，一定要围绕你学到的新知识进行团队合作，认清你的可衡量目标以及后续步骤如何操作，然后再衍生出因地制宜的新方法。

为努力赋予意义
多次回应卡　问题 3

第一级：你的回应	
我们学校的场景	
我们学校的场景与典型场景的相似之处	
我们学校的优势和挑战	
第二级：家长一的回应	
我们学校的场景	
我们学校的场景与典型场景的相似之处	
我们学校的优势和挑战	

第三级：家长二的回应	
孩子学校的场景	
孩子学校的场景与典型场景的相似之处	
孩子学校的优势和挑战	
第四级：同事的回应	
我们学校的场景	
我们学校的场景与典型场景的相似之处	
我们学校的优势和挑战	

第五级：集体头脑风暴	
我们是否有意请学生和家庭分享他们对建立有效的家校社共育合作的看法？	
在以下五项实践中，哪一项已经被包含在我们学校的方案中？ • 确认学生成就 • 认识学生的文化背景和规范 • 推动召开协作会议 • 有效沟通 • 及时正向反馈	
这五项实践中哪一项应该添加到这个场景的头脑风暴解决方案中？	
如何加入这些缺失的实践，以及如何更有效地实施当前的实践？	

问题4 **在广泛了解有效的家校社共育方法的基础上，如何提升你的领导力技能和职业目标?**

典型场景:

将参与家校社共育的工作内容纳入你的履历，以提高你的履历中相关技能和经验的比重，并可作为对你的评估凭证。

技巧与应用策略:

了解你的学校领导或社区是否为那些举办培训或促进家校社共育讨论的员工提供津贴。使用本手册向你学校的教师或学生所在社区宣讲家校社共育的内容，可作为1个学时的继续教育课程。

<table>
<tr><th colspan="2">为努力赋予意义
多次回应卡　问题 4</th></tr>
<tr><th colspan="2">第一级：你的回应</th></tr>
<tr><td>我们学校的场景</td><td></td></tr>
<tr><td>我们学校的场景与典型场景的相似之处</td><td></td></tr>
<tr><td>我们学校的优势和挑战</td><td></td></tr>
<tr><th colspan="2">第二级：家长一的回应</th></tr>
<tr><td>我们学校的场景</td><td></td></tr>
<tr><td>我们学校的场景与典型场景的相似之处</td><td></td></tr>
<tr><td>我们学校的优势和挑战</td><td></td></tr>
</table>

第三级：家长二的回应	
孩子学校的场景	
孩子学校的场景与典型场景的相似之处	
孩子学校的优势和挑战	
第四级：同事的回应	
我们学校的场景	
我们学校的场景与典型场景的相似之处	
我们学校的优势和挑战	

第五级：集体头脑风暴	
我们是否有意请学生和家庭分享他们对建立有效的家校社共育合作的看法？	
在以下五项实践中，哪一项已经被包含在我们学校的方案中？ • 确认学生成就 • 认识学生的文化背景和规范 • 推动召开协作会议 • 有效沟通 • 及时正向反馈	
这五项实践中哪一项应该添加到这个场景的头脑风暴解决方案中？	
如何加入这些缺失的实践，以及如何更有效地实施当前的实践？	

问题5 学生家庭如何帮助衡量我们在促进教育公平和提高学生成就方面取得的进步？

典型场景：

我们学校的大多数教师都住在校外，上下班通勤时间很长，所以他们倾向于控制晚上放学后参加会议的次数。然而，他们对更广泛的学校所在社区以及学生与其家庭的文化背景非常感兴趣，但他们不确定从哪里开始或如何入手。我们有各种各样的学校活动，但我们希望找到一种方法，在已经安排的学年活动的基础上扩大我们的认知，增进对我们服务的社区和学生的理解。

技巧与应用策略：

与学生家庭和社区合作，可开展一项多目的活动（如开放日、返校活动、家长—教师沟通会、过渡计划等），并在校外选择一个地点（如社区活动中心、公寓住宅区、图书馆）举办。在会议议程上留出时间让学生家庭分享他们对社区和他们信任的社区共育伙伴的认识。学校工作人员可以提供给家长能在家里使用的教育支持策略的信息，学生和家长可以谈谈学生的兴趣和优势，还可展示学生的作品，并请社区组织、文化俱乐部和课外活动项目组提供资源和设置展示区。活动的目的是增加教师对学生和其社区的了解，收集家长的情况，以改善学校的氛围和文化，提高学生的参与度。具体的进步衡量标准是有多少家长知道这些项目并支持他们的孩子参加，以及有多少学生报名参加这些项目以丰富经历、促进学习。具体的教师进步衡量标准是，有多少教师对使用学校所在社区范围内的资源和资产开始更关注、接触更多和更有信心。

除了这些可衡量的指标，还可以让家长和学生参与讨论他们认为最重要的结果，以及他们如何能帮助学校实现与这些结果相关的目标。

为努力赋予意义
多次回应卡 问题5

第一级：你的回应	
我们学校的场景	
我们学校的场景与典型场景的相似之处	
我们学校的优势和挑战	
第二级：家长一的回应	
我们学校的场景	
我们学校的场景与典型场景的相似之处	
我们学校的优势和挑战	

第三级：家长二的回应	
孩子学校的场景	
孩子学校的场景与典型场景的相似之处	
孩子学校的优势和挑战	

第四级：同事的回应	
我们学校的场景	
我们学校的场景与典型场景的相似之处	
我们学校的优势和挑战	

第五级：集体头脑风暴	
我们是否有意请学生和家庭分享他们对建立有效的家校社共育合作的看法?	
在以下五项实践中，哪一项已经被包含在我们学校的方案中? • 确认学生成就 • 认识学生的文化背景和规范 • 推动召开协作会议 • 有效沟通 • 及时正向反馈	
这五项实践中哪一项应该添加到这个场景的头脑风暴解决方案中?	
如何加入这些缺失的实践，以及如何更有效地实施当前的实践?	

给学校团队的建议

从团队的角度讨论本章涉及的五个问题，并请家长参与对话。在团队回应完问题后，继续思考以下建议：

- 思考如何让你负责联系的学生家长提出他们的观点，以便用最有效的方式与他们联系和合作，提高学生的投入度和学业成就。
- 思考如何与家庭合作，以帮助你确定和实现一个具体的、可量化的目标，这将对学生的学业成就产生有效的提升作用，并促使学校在家校社共育方面做出更多努力。
- 思考如何分配资源、工具、时间和完成预期结果所需承担的关键角色任务，以及你将如何、在何时监控目标的进展。
- 思考如何确定战略的预期目标，包括一个具体的开始日期、每个团队成员的关键角色，以及你将如何、在何时监控目标的进展。
- 思考如何修正学校的政策和措施，使其与预期目标相一致，这些目标主要针对你们在促进教育公平和提高学生成就方面尚未接触到的家庭。

第五章

五项家校社共育实践

当在上述四大家校社共育合作建议框架下工作时，本章的五项真实的家校社共育合作实践提供了更具体、更全面的细节，能够用来开发一种方法确保教育公平、有效地联合所有学生的家庭。

一、确认学生的成就

确定你通过家校社共育想达到的目标，如提高学生的出勤率、提高学生的阅读水平、确定学生的优势和兴趣、发现学生隐藏的天赋、增加学生的参与动机、深入理解如何利用学生的文化背景和家庭传统来支持学生学习、让学生在家里阅读和实践课堂所学知识并提交作业、调整预防和干预策略，以及向家长寻求帮助、反馈或想法。

二、认识学生的文化背景和规范

要考虑直接从学生的家庭和值得信赖的社区领导者那里获得洞察，而不仅仅提出你希望他们做什么或知道什么，因为这与他们的文化背景和规范有关。要考虑这样一个事实：学生和他们的家庭代表了广泛的经验、知识和观点，也代表了影响、提高、支持和定义学生表现的社区文化背景。认识这些因素将有助于你获得洞察力，从而使你的实践和家校社共育合作得到改善。它还可以帮助你制定更有依据的教学策略，提高学生的努力程度。

三、推动召开协作会议

筹备家长会，与家长共同制定会议议程，推动协作。如果议程是由校方制定和传达的，家长对发言就不那么感兴趣了。询问家长什么类型的讨论主题对他们最有吸引力，并鼓励他们帮助引领或参与会议发言。以这些方式促进家长参与，有助于确保他们有更大的兴趣、更强的主人翁意识、更强的关联感和更高的参与度。

四、有效沟通

询问家长他们最喜欢的三种接收与学校活动和学生进步有关的信息的方法，并尽可能多地使用这些方法。我们的沟通要努力满足家庭需要，防止因家长对信息的遗漏和误解而引发额外工作。寻找切实可行的方法有效地交换意见和分享信息，可以加深家校社共育关系中的信任程度。

五、及时正向反馈

寻找并创造机会，尽可能多地在学校和社区与家长和学生分享关注点、给予支持、肯定进步。参与到解决问题和正向反馈中，这对学生、学校以及他们与教育工作者的合作具有积极的意义。让家长参与到尊重他们贡献的活动中，可以增强他们对教育工作者的信任，并支持有意义的联系。

六、家校社共育合作自我评估

请思考并回答表5-1中的问题，找出与你或你所在学校的家校社共育方式相匹配的答案。选择符合你或你所在学校采取的新的改进方法的描述，并在对应的栏里打√。

表 5-1　家校社共育合作自我评估表（平等伙伴关系反思问题）

评估内容	总是	有时	没有	新方法
我在早期就积极地与学生家庭联系，建立信任和合作关系，以促进教育公平和提高学生成就				
我知道为了所有的学生，我希望家庭如何帮助我以及我要达成什么样的合作成果				
我知道如何有效地与学生家庭合作以支持学生的学业，使之达到我们期望的结果				
我要求所有家庭与我分享学生的优势、兴趣和文化背景方面的信息				
我能利用家庭分享的学生信息来指导我的教学实践，并帮助我提高学生的努力程度和学业成就				
在安排家长活动和家长会之前，我会询问学生的家长他们认为我应该知道什么，或者他们想从我这里知道什么				

评估内容	总是	有时	没有	新方法
我也鼓励我的同事和领导邀请家长参加会对学生产生影响的决策会议				
我能与家长一起集思广益，帮助他们实施自己的想法，促进学生和家庭获得教育公平和各种机会				
我知道并经常使用学生家长在分享他们的进步信息或合作机会时最喜欢的三种沟通方式				
我能让家长知道，家校社共育对学生的学业成就以及对像我这样的教育工作者的影响				
我能在陈述报告和正向反馈中强调家庭的作用和努力，以鼓励和表彰他们的合作与学生的进步				

完成自我评估表后，可在本手册的第六章确定评估中需要包括哪几项，并在改进后的真实实践中确定优先级。当你完成第六章的图表时，你可能想要添加“有时”“没有”等两三个分类。

第六章

你的计划

经验教训

当教育工作者努力与学生家庭接触，以支持学生取得学业成就时，即使没有产生预期结果，也可以得到宝贵的经验教训。本章在建立家校社共育合作四大建议的框架下提供了一份简短的经验教训清单（见表6-1）。请回顾“经验教训”一栏中提出的洞察，特别注意“经验教训”右边的两栏，因为它们可能提供新的想法和认知，你可以在这一章阅读结束时将它们添加到你的下一步行动路线图中。

有时，有些人会误将参与学校活动人数的增加作为家校社共育实践卓有成效的指标。五项共育实践为发展有效的家校社共育合作提供了更多的机会，因为它们帮助教育工作者和学校抓住了四大建议的要点，让他们将目光投向那些之前没有接触到的家庭。

让家庭参与到促进教育公平和提高学生成就中来需要各方共担责任、共同努力和相互尊重，而家长参与则意味着他们愿意参加已经实施或计划好的活动。如果学生家长真的相信他们的参与将创造有意义的机会，与教师建立信任，并帮助他们的孩子在学校取得成功，那么接触学生家庭就会变得更高效。

学生家庭可以高度参与，甚至高度投入，但如果每次都只有固定的家庭参与，或者如果他们没有参与到对学生的学习产生积极影响的决策过程中，这就不是一种促进教育公平和提高学生成就的有效合作关系。在你完成这本手册中的所有练习后，表6-1能帮你总结关键点，表6-2将告诉你开展家校社共育要做什么以及不做什么。

表 6-1　有效开展家校社共育的关键点

建立家校社共育关系的四大建议	经验教训	新认知	联系未接触家庭的方法
在早期建立信任	不要等学生家长先联系你	在学年内给家长传递一个积极的信号，为共育合作和未来对话打下有益的基础	给没有在学年的前三周参加开放日或返校之夜活动的学生家长传递一个积极的信号，如邮寄一张贺卡、留下一段语音留言或发一封电子邮件
主动分担责任	每个人都愿意为帮助学生取得学业成就负起责任，但很少有人清楚地知道如何分担责任	主动意识到何时、如何指导与提高学生成就相关的共育合作中的各种角色及其活动，能够避免在学年末发生始料未及的意外和冲突	熟悉学生家庭和社区的资源、文化背景和知识上的优势，有意识地利用这些资源，让学校更了解学生、促进教学实践、更好地做决策、提高领导力、增加家长参加志愿服务的机会等

续表

建立家校社共育关系的四大建议	经验教训	新认知	联系未接触家庭的方法
透彻交流，平衡期望	教育工作者和家庭会对自身和对方抱有较高期待，而且当学生没有取得成就时，双方都会感到挫败	重新制定共育目标，综合家长、教师、学生的意见，提高信息透明度，平衡期望，避免冲突发生	进行真正的沟通，使家长和教师双方有机会充分交换意见和表达期望
为努力赋予意义	有些有关成功的数据、要点和评估对于家长来说并没有那么重要	向家长询问他们对孩子可衡量和不可衡量的期望和目标，尽可能地帮助他们找到方法并掌控进步状态	在通过学生优势确定目标学校或目标职业时，知道什么对学生和家庭来说是最重要的，给他们工作人员、社区资源和社区共育组织的直接联系方式，找到工作人员帮他们有效利用数据以及对他们来说最重要的学校和职业规划信息

表 6-2　家校社共育的“做”与“不做”

做什么	不做什么
设定你想让学生达到的具体目标，让家长参与讨论并一起努力实现这些目标	向家长传达学校希望他们知道什么，告诉他们需要做什么
了解如何收集和利用家长关于文化背景、学生优势和潜在努力方向的认知	要求学生和家庭吸收和遵从主流信仰和价值观，以增强系统的规范性
家长—教师沟通会等活动的主题和议程由家长和教育工作者共同制定	举办许多提供娱乐和食物的家长—教师沟通会
向学生家庭提供双向对话的机会，重点是建立信任和尊重学生家庭的观点和认知	发送各种书面文件（简报，通知）、自动提醒，或者向学生和家长传递学业进展的最新情况
举办定期的庆祝活动，着重强调家长、教育工作者、学生合作的成功之处和团队精神	每周、每月或每年通报或更新学生对学校规范的遵守情况、学生的学业进步情况或下一步行动计划

集体头脑风暴

现在你已经概览了与家校社共育四大建议有关的每个问题和场景，对如何整合五项共育实践也更加熟悉，可以创建一种真正的经过改进的策略或方法，去帮助那些你尚未接触到的学生家庭。

回顾一下你与你选择的家长和同事共同开发的头脑风暴解决方案，这些方案有助于开阔你的视野。将这些解决方案整合到表6-3中。填写表格，回顾你对真实的家校社共育合作的自我评估、你学到的经验教训，以及每章的相关技巧和策略。一定要参考本手册的开头部分，在那里你列出了一些使你想参与一个项目或合作的个人因素。加入一些用来确定你的动机和参与偏好的标签，将为你的总结表提供额外的细节。

表6-3的最后一项——真正经过改进的策略或方法——是你在完成这本手册的过程中所有对话、学习和拓展后的汇总。到目前为止，你可能已经使用了你列出的一些新策略，通过与家长和同事合作完成本手册中的练习，你已经在创建真正的家校社共育关系方面迈出了重要的第一步。

表 6-3 真正经过改进的策略或方法总结

	在早期建立信任	主动分担责任	透彻交流，平衡期望	为努力赋予意义
头脑风暴解决方案总结				
将要进行的真实的家校社共育实践				

续表

	在早期建立信任	主动分担责任	透彻交流，平衡期望	为努力赋予意义
从本建议中获得的新认知				
真正经过改进的策略或方法				

一旦完成了这张表格，你就可以成为在本手册每章末尾提及的辅助或领导校方团队的优秀人选。你将有能力鼓励你的同事参与必要的评估回答，以开展有效的全校实践，为促进教育公平和提高学生学业成就联系到那些尚未接触的家庭。

接下来的步骤

既然你已经列出了通过回顾本手册得到的真正经过改进的策略或方法，考虑一下你将如何实施并与他人分享它们。思考学校的情况或已经安排好的会议，以及你可以创造的分享新认知的机会。当你整合这些方法时，要主动解释并奠定必要的基础，以便在全校范围内普及四大共育建议和五项共育实践。

要特别注意聆听与你合作的家长和同事的声音，吸收新接触到的家长的意见，使你的新方法在贯彻时具有一致性、完整性和可信度。由于整个学年中你在全校应用了这些建议和做法，你应该注意并及时鼓励学生提高投入度，以及增加教师和家庭之间的积极互动次数。

完成了这本手册并成功实行了真正经过改进的策略或方法，这样的教育工作者将成为理想的人选，有能力引导、促进与支持他们的同事或在全校范围内开展真正经过改进的策略或方法的相关讨论。

当学校优先考虑在早期建立信任，主动分担责任，透彻交流、平衡期望，并为各方努力赋予意义时，它就为有效的家校社共育和各方真正地参与提供了一个平台。随着越来越多的教育工作者开始理解家校社共育的价值，了解学生的文化背景和社会规范，他们可以帮助持续提高所有学生的投入度，也就更有可能为了促进教育公平和提高学生成就去联系尚未接触的家庭。

附录A

那些你困惑的问题

有些教育工作者的问题在这本手册的前面没有得到回答。教育工作者在对通过家庭参与形成正面反馈以争取促进教育平等和提高学生成就没有信心的情况下，往往会困惑于以下问题。

阅读每个问题下面的简短答案，思考你自己对每个问题的答案。理解已有的观点和误解，当你努力为提高学生成就实施你的策略去联系那些尚未接触的家庭时，你的同事会帮助你应对阻力，找到一个更有效、更实际的方法。

1. 为什么教育工作者必须是共育关系的发起者？既然家长最了解自己的孩子，难道不应该由他们发起对话吗？

   是的，虽然家长通常相信他们最了解自己的孩子，但在了解学校和教育工作者制定的规则和目标方面，他们通常没有同样的信心。在大多数情况下，那些尚未被接触到的家长把教育工作者和学校领导视为学校的“主人”，而把自己视为“不速之客”。当客人确定主人是真诚地希望他们参与进来时，他们通常才会感到舒服。

2．如果传统的沟通方法对大多数家长都有效，为什么要花费额外的努力去联系那些不信任家校社共育的少数家长呢？

如果一些学生表现不好，而这些学生的家庭还没有被接触到，我们就有可能失去帮助这些学生成功的机会。因为你没有尝试去联系这些家庭，而你的方法原本对他们或他们的孩子是有效的，这会令人感到遗憾。

3．教育工作者的工作要求他们有效地教育学生，为什么要花费这么多精力去尝试联系家长呢？

无论教育工作者觉得他们的课程讲授或教学技能多么有效，与家庭建立真正的共育关系，才能使教师更高效地完成教育工作，而不只是更努力地启发和激励学生学习。

4．如果家长还没有参与共育，为了避免不必要的纠纷，保持疏离不是最好的方法吗？

如果避免或推迟与家长积极互动和建立共育关系，那么家长和学生更有可能意外地来联系你。如果第一次联系是由于发生了误解或冲突，那么解决问题或建立信任的时间就会比教育工作者出于积极目的而主动发起的对话时间更长。

5．在语言有障碍、教育有缺失的情况下，仍期望家庭参与共育，难道不是不合理且会给学校带来巨大的经济压力吗？

要给予家长参与共育合作的机会，这在问题1中有所回答，而且这也符合让每个学生都取得学业成功的要求。有些指导方针还要求重要信息必须以家长的母语提供。大多数家庭都希望不管他们的收入、文化、语言或背景如何，他们孩子的成长环境都能得到超出他们能力范围的改善。让家庭成为共育伙伴有助于让每个孩子都有机会成为对社会有贡献的成员。

6．我们如何解决家长忘记更新联系方式的问题?

当家长忘记更新他们的联系方式时，试着联系他们的亲戚或紧急联系人，询问他们是否可以让学生家长联系你。如果家长的联系方式上没有紧急联系人，而且电子邮件地址和电话号码都不准确，可以让学生转告家长联系你。如果以上方法都不奏效，还可以拨打他们的工作电话，询问他们能否提供最新的联系方式。但是要注意，在某些情况下，接到孩子学校的电话会增加家长的工作压力。

7．如何对待那些不想参与共育的家长?

与教育工作者一样，大多数家长喜欢和那些欣赏他们的付出、让他们感到受欢迎的人在一起，尤其是当这些人值得信赖、值得尊重并关心他们的孩子的时候。面对那些真诚地努力发展真正的共育关系，不断解决他们面临的交通、语言或时间冲突等问题的学校，家长很难选择不参与共育。

8．如果所有这些实践都起作用了，而家长最终的参与度超出了我们的预期，那么该怎么办呢?

如果你已经找到一种建立真正的家校社共育合作关系的方法，

并能建立信任、分担责任、平衡教育工作者和家长的期望，你们就能够就如何在整个共育关系中建立和维持平衡进行真诚和透明的对话。

9．教育工作者如何抽出时间获得有效实施这些战略所需的经验？

建立信任不需要专门的培训，也没有可以教授的技术。家长通常会给教育工作者以肯定和褒奖，只是因为他们试图更有效地联系教育工作者，以促进学生的学业成功和获取支持。只要努力是建立在四大共育合作建议的基础上的（在早期建立信任；主动分担责任；透彻交流，平衡期望；为努力赋予意义），就不会一无所获，所以你不会独享成功，也不会独自为失误负责。一个真正有效的方法不需要复杂的新策略或增加更多的项目和活动。它实际上给了教育工作者和家长正面进行更有效沟通的机会。它还可以帮助减少冲突，这节省了时间，也减少了解释误会所需进行沟通的次数。

10．如果我错误地使用了这些建议或方法，不是为了促进教育公平和提高学生学业成就去争取家庭参与，那么我最终会冒犯家长吗？

大多数家长都能分辨出学校是在设计策略操纵他们去做学校想让他们做的事，还是在致力于建立信任和真正的共育合作关系。后者通常很受欢迎，即使在实施过程中显得有点笨拙。

举报电话：（010）88254396；（010）88258888

传　　真：（010）88254397

E-mail：　dbqq@phei.com.cn

通信地址：北京市万寿路 173 信箱

　　　　　电子工业出版社总编办公室

邮　　编：100036